This Book Belongs To:

NAME: _____

PHONE: _____

EMAIL: _____

Copyright © 2018 by Tim Star Beautiful

All rights reserved. No part of this publication may be copied, reproduced in any format, by any means, electronic or otherwise, without prior consent from the copyright owner and publisher of this book.

Table of Contents

Page	Date	Subject
1		
2		
3		
4		
5		
6		
7		
8		
9		
10		
11		
12		
13		
14		
15		
16		
17		
18		
19		
20		
21		
22		
23		
24		
25		
26		
27		
28		
29		
30		
31		
32		
33		

Table of Contents

Page	Date	Subject
34		
35		
36		
37		
38		
39		
40		
41		
42		
43		
44		
45		
46		
47		
48		
49		
50		
51		
52		
53		
54		
55		
56		
57		
58		
59		
60		
61		
62		
63		
64		
65		
66		

Table of Contents

Page	Date	Subject
67		
68		
69		
70		
71		
72		
73		
74		
75		
76		
77		
78		
79		
80		
81		
82		
83		
84		
85		
86		
87		
88		
89		
90		
91		
92		
93		
94		
95		
96		
97		
98		
99		
100		

You Can Do More **THAN** You Think

Meeting Date: _____ Meeting Time: _____

Topic: _____

Objective (s): _____
_____

Attendees:	
•	•
•	•
•	•
•	•
•	•

Notes: _____
_____
_____
_____
_____
_____
_____
_____
_____
_____
_____
_____

Action Items	Owner	Deadline	
•			☐
•			☐
•			☐
•			☐
•			☐
•			☐

Meeting Date: _____ Meeting Time: _____

Topic: _____

Objective (s): _____
_____

Attendees:	
•	•
•	•
•	•
•	•
•	•

Notes: _____
_____
_____
_____
_____
_____
_____
_____
_____
_____
_____

Action Items	Owner	Deadline	
•			☐
•			☐
•			☐
•			☐
•			☐
•			☐

Meeting Date: _____ Meeting Time: _____
Topic: _____
Objective(s): _____
_____

Attendees:	
•	•
•	•
•	•
•	•
•	•

Notes: _____
_____
_____
_____
_____
_____
_____
_____
_____
_____
_____
_____

Action Items	Owner	Deadline	
•			☐
•			☐
•			☐
•			☐
•			☐
•			☐

Meeting Date: _____   Meeting Time: _____
Topic: _____
Objective (s): _____
_____

Attendees:	
•	•
•	•
•	•
•	•
•	•

Notes: _____
_____
_____
_____
_____
_____
_____
_____
_____
_____
_____

Action Items	Owner	Deadline	
•			☐
•			☐
•			☐
•			☐
•			☐
•			☐

Meeting Date: _____ Meeting Time: _____
Topic: _____
Objective (s): _____
_____

Attendees:	
•	•
•	•
•	•
•	•
•	•

Notes: _____
_____
_____
_____
_____
_____
_____
_____
_____
_____
_____
_____

Action Items	Owner	Deadline	
•			☐
•			☐
•			☐
•			☐
•			☐
•			☐

Meeting Date: _____   Meeting Time: _____
Topic: _____
Objective (s): _____
_____

Attendees:	
•	•
•	•
•	•
•	•
•	•

Notes: _____
_____
_____
_____
_____
_____
_____
_____
_____
_____
_____

Action Items	Owner	Deadline	
•			☐
•			☐
•			☐
•			☐
•			☐
•			☐

Meeting Date: _____   Meeting Time: _____
Topic: _____
Objective (s): _____
_____

Attendees:	
•	•
•	•
•	•
•	•
•	•

Notes: _____
_____
_____
_____
_____
_____
_____
_____
_____
_____
_____
_____
_____

Action Items	Owner	Deadline	
•			☐
•			☐
•			☐
•			☐
•			☐
•			☐

Meeting Date: _____ Meeting Time: _____
Topic: _____
Objective(s): _____
_____

Attendees:	
•	•
•	•
•	•
•	•
•	•

Notes: _____
_____
_____
_____
_____
_____
_____
_____
_____
_____
_____
_____

Action Items	Owner	Deadline	
•			☐
•			☐
•			☐
•			☐
•			☐
•			☐

Meeting Date: _____ Meeting Time: _____
Topic: _____
Objective (s): _____
_____

Attendees:	
•	•
•	•
•	•
•	•
•	•

Notes: _____
_____
_____
_____
_____
_____
_____
_____
_____
_____
_____
_____

Action Items	Owner	Deadline	
•			☐
•			☐
•			☐
•			☐
•			☐
•			☐

Meeting Date: _____ Meeting Time: _____
Topic: _____
Objective (s): _____
_____

Attendees:	
•	•
•	•
•	•
•	•
•	•

Notes: _____
_____
_____
_____
_____
_____
_____
_____
_____
_____
_____

Action Items	Owner	Deadline	
•			☐
•			☐
•			☐
•			☐
•			☐
•			☐

Meeting Date: _____ Meeting Time: _____
Topic: _____
Objective (s): _____
_____

Attendees:	
•	•
•	•
•	•
•	•
•	•

Notes: _____
_____
_____
_____
_____
_____
_____
_____
_____
_____
_____
_____

Action Items	Owner	Deadline	
•			☐
•			☐
•			☐
•			☐
•			☐
•			☐

Meeting Date: _____   Meeting Time: _____
Topic: _____
Objective (s): _____
_____

Attendees:	
•	•
•	•
•	•
•	•
•	•

Notes: _____
_____
_____
_____
_____
_____
_____
_____
_____
_____
_____

Action Items	Owner	Deadline	
•			☐
•			☐
•			☐
•			☐
•			☐
•			☐

Meeting Date: _____ Meeting Time: _____
Topic: _____
Objective (s): _____
_____

Attendees:	
•	•
•	•
•	•
•	•
•	•

Notes: _____
_____
_____
_____
_____
_____
_____
_____
_____
_____
_____
_____

Action Items	Owner	Deadline	
•			☐
•			☐
•			☐
•			☐
•			☐
•			☐

Meeting Date: _____ Meeting Time: _____
Topic: _____
Objective(s): _____
_____

Attendees:	
•	•
•	•
•	•
•	•
•	•

Notes: _____
_____
_____
_____
_____
_____
_____
_____
_____
_____
_____

Action Items	Owner	Deadline	
•			☐
•			☐
•			☐
•			☐
•			☐
•			☐

Meeting Date: _____ Meeting Time: _____
Topic: _____
Objective (s): _____
_____

Attendees:	
•	•
•	•
•	•
•	•
•	•

Notes: _____
_____
_____
_____
_____
_____
_____
_____
_____
_____
_____
_____

Action Items	Owner	Deadline	
•			☐
•			☐
•			☐
•			☐
•			☐
•			☐

Meeting Date: _____   Meeting Time: _____
Topic: _____
Objective (s): _____
_____

Attendees:	
•	•
•	•
•	•
•	•
•	•

Notes: _____
_____
_____
_____
_____
_____
_____
_____
_____
_____
_____

Action Items	Owner	Deadline	
•			☐
•			☐
•			☐
•			☐
•			☐
•			☐

Meeting Date: _____ Meeting Time: _____
Topic: _____
Objective (s): _____
_____

Attendees:	
•	•
•	•
•	•
•	•
•	•

Notes: _____
_____
_____
_____
_____
_____
_____
_____
_____
_____
_____
_____

Action Items	Owner	Deadline	
•			☐
•			☐
•			☐
•			☐
•			☐
•			☐

Meeting Date: _____ Meeting Time: _____
Topic: _____
Objective(s): _____
_____

Attendees:	
•	•
•	•
•	•
•	•
•	•

Notes: _____
_____
_____
_____
_____
_____
_____
_____
_____
_____
_____

Action Items	Owner	Deadline	
•			☐
•			☐
•			☐
•			☐
•			☐
•			☐

Meeting Date: _____ Meeting Time: _____
Topic: _____
Objective(s): _____
_____

Attendees:	
•	•
•	•
•	•
•	•
•	•

Notes: _____

Action Items	Owner	Deadline	
•			☐
•			☐
•			☐
•			☐
•			☐
•			☐

Meeting Date: _____   Meeting Time: _____
Topic: _____
Objective (s): _____
_____

Attendees:	
•	•
•	•
•	•
•	•
•	•

Notes: _____
_____
_____
_____
_____
_____
_____
_____
_____
_____
_____

Action Items	Owner	Deadline	
•			☐
•			☐
•			☐
•			☐
•			☐
•			☐

Meeting Date: _____ Meeting Time: _____
Topic: _____
Objective (s): _____
_____

Attendees:	
•	•
•	•
•	•
•	•
•	•

Notes: _____
_____
_____
_____
_____
_____
_____
_____
_____
_____
_____
_____
_____

Action Items	Owner	Deadline	
•			☐
•			☐
•			☐
•			☐
•			☐
•			☐

Meeting Date: _____ Meeting Time: _____
Topic: _____
Objective(s): _____
_____

Attendees:	
•	•
•	•
•	•
•	•
•	•

Notes: _____
_____
_____
_____
_____
_____
_____
_____
_____
_____
_____

Action Items	Owner	Deadline	
•			☐
•			☐
•			☐
•			☐
•			☐
•			☐

Meeting Date: _____ Meeting Time: _____
Topic: _____
Objective (s): _____
_____

Attendees:	
•	•
•	•
•	•
•	•
•	•

Notes: _____
_____
_____
_____
_____
_____
_____
_____
_____
_____
_____
_____
_____

Action Items	Owner	Deadline	
•			☐
•			☐
•			☐
•			☐
•			☐
•			☐

Meeting Date: _____ Meeting Time: _____
Topic: _____
Objective (s): _____
_____

Attendees:	
•	•
•	•
•	•
•	•
•	•

Notes: _____
_____
_____
_____
_____
_____
_____
_____
_____
_____
_____

Action Items	Owner	Deadline	
•			☐
•			☐
•			☐
•			☐
•			☐
•			☐

Meeting Date: _____ Meeting Time: _____
Topic: _____
Objective (s): _____
_____

Attendees:	
•	•
•	•
•	•
•	•
•	•

Notes: _____
_____
_____
_____
_____
_____
_____
_____
_____
_____
_____
_____

Action Items	Owner	Deadline	
•			☐
•			☐
•			☐
•			☐
•			☐
•			☐

Meeting Date: _____ Meeting Time: _____
Topic: _____
Objective (s): _____
_____

Attendees:	
•	•
•	•
•	•
•	•
•	•

Notes: _____
_____
_____
_____
_____
_____
_____
_____
_____
_____
_____

Action Items	Owner	Deadline	
•			☐
•			☐
•			☐
•			☐
•			☐
•			☐

Meeting Date: _____ Meeting Time: _____
Topic: _____
Objective (s): _____
_____

Attendees:	
•	•
•	•
•	•
•	•
•	•

Notes: _____
_____
_____
_____
_____
_____
_____
_____
_____
_____
_____

Action Items	Owner	Deadline	
•			☐
•			☐
•			☐
•			☐
•			☐
•			☐

Meeting Date: _____ Meeting Time: _____
Topic: _____
Objective (s): _____
_____

Attendees:	
•	•
•	•
•	•
•	•
•	•

Notes: _____
_____
_____
_____
_____
_____
_____
_____
_____
_____

Action Items	Owner	Deadline	
•			☐
•			☐
•			☐
•			☐
•			☐
•			☐

Meeting Date: _____   Meeting Time: _____
Topic: _____
Objective (s): _____
_____

Attendees:	
•	•
•	•
•	•
•	•
•	•

Notes: _____
_____
_____
_____
_____
_____
_____
_____
_____
_____
_____
_____

Action Items	Owner	Deadline	
•			☐
•			☐
•			☐
•			☐
•			☐
•			☐

Meeting Date: _____   Meeting Time: _____

Topic: _____

Objective (s): _____

_____

Attendees:	
•	•
•	•
•	•
•	•
•	•

Notes: _____

_____

_____

_____

_____

_____

_____

_____

_____

_____

_____

Action Items	Owner	Deadline	
•			☐
•			☐
•			☐
•			☐
•			☐
•			☐

Meeting Date: _____ Meeting Time: _____

Topic: _____

Objective (s): _____
_____

Attendees:	
•	•
•	•
•	•
•	•
•	•

Notes: _____
_____
_____
_____
_____
_____
_____
_____
_____
_____
_____

Action Items	Owner	Deadline	
•			☐
•			☐
•			☐
•			☐
•			☐
•			☐

Meeting Date: _____   Meeting Time: _____
Topic: _____
Objective(s): _____
_____

Attendees:	
•	•
•	•
•	•
•	•
•	•

Notes: _____
_____
_____
_____
_____
_____
_____
_____
_____
_____
_____

Action Items	Owner	Deadline	
•			☐
•			☐
•			☐
•			☐
•			☐
•			☐

Meeting Date: _____   Meeting Time: _____
Topic: _____
Objective (s): _____
_____

Attendees:	
•	•
•	•
•	•
•	•
•	•

Notes: _____
_____
_____
_____
_____
_____
_____
_____
_____
_____
_____
_____

Action Items	Owner	Deadline	
•			☐
•			☐
•			☐
•			☐
•			☐
•			☐

Meeting Date: _____ Meeting Time: _____
Topic: _____
Objective (s): _____
_____

Attendees:	
•	•
•	•
•	•
•	•
•	•

Notes: _____
_____
_____
_____
_____
_____
_____
_____
_____
_____
_____
_____

Action Items	Owner	Deadline	
•			☐
•			☐
•			☐
•			☐
•			☐
•			☐

Meeting Date: _____ Meeting Time: _____
Topic: _____
Objective (s): _____
_____

Attendees:	
•	•
•	•
•	•
•	•
•	•

Notes: _____
_____
_____
_____
_____
_____
_____
_____
_____
_____
_____
_____

Action Items	Owner	Deadline	
•			☐
•			☐
•			☐
•			☐
•			☐
•			☐

Meeting Date: _____   Meeting Time: _____

Topic: _____

Objective(s): _____

_____

Attendees:	
•	•
•	•
•	•
•	•
•	•

Notes: _____

_____

_____

_____

_____

_____

_____

_____

_____

_____

Action Items	Owner	Deadline	
•			☐
•			☐
•			☐
•			☐
•			☐
•			☐

Meeting Date: _____   Meeting Time: _____
Topic: _____
Objective (s): _____
_____

Attendees:	
•	•
•	•
•	•
•	•
•	•

Notes: _____
_____
_____
_____
_____
_____
_____
_____
_____
_____
_____
_____

Action Items	Owner	Deadline	
•			☐
•			☐
•			☐
•			☐
•			☐
•			☐

Meeting Date: _____ Meeting Time: _____
Topic: _____
Objective (s): _____
_____

Attendees:	
•	•
•	•
•	•
•	•
•	•

Notes: _____
_____
_____
_____
_____
_____
_____
_____
_____
_____
_____

Action Items	Owner	Deadline	
•			☐
•			☐
•			☐
•			☐
•			☐
•			☐

Meeting Date: _____ Meeting Time: _____

Topic: _____

Objective (s): _____
_____

Attendees:	
•	•
•	•
•	•
•	•
•	•

Notes: _____
_____
_____
_____
_____
_____
_____
_____
_____
_____
_____

Action Items	Owner	Deadline	
•			☐
•			☐
•			☐
•			☐
•			☐
•			☐

Meeting Date: _____ Meeting Time: _____
Topic: _____
Objective(s): _____
_____

Attendees:	
•	•
•	•
•	•
•	•
•	•

Notes: _____
_____
_____
_____
_____
_____
_____
_____
_____
_____

Action Items	Owner	Deadline	
•			☐
•			☐
•			☐
•			☐
•			☐
•			☐

Meeting Date: _____ Meeting Time: _____
Topic: _____
Objective(s): _____
_____

Attendees:	
•	•
•	•
•	•
•	•
•	•

Notes: _____
_____
_____
_____
_____
_____
_____
_____
_____
_____
_____

Action Items	Owner	Deadline	
•			☐
•			☐
•			☐
•			☐
•			☐
•			☐

Meeting Date: _____   Meeting Time: _____
Topic: _____
Objective (s): _____
_____

Attendees:	
•	•
•	•
•	•
•	•
•	•

Notes: _____
_____
_____
_____
_____
_____
_____
_____
_____
_____
_____
_____

Action Items	Owner	Deadline	
•			☐
•			☐
•			☐
•			☐
•			☐
•			☐

Meeting Date: _____ Meeting Time: _____
Topic: _____
Objective (s): _____
_____

Attendees:	
•	•
•	•
•	•
•	•
•	•

Notes: _____
_____
_____
_____
_____
_____
_____
_____
_____
_____
_____
_____

Action Items	Owner	Deadline	
•			☐
•			☐
•			☐
•			☐
•			☐
•			☐

Meeting Date: _____   Meeting Time: _____
Topic: _____
Objective (s): _____
_____

Attendees:	
•	•
•	•
•	•
•	•
•	•

Notes: _____
_____
_____
_____
_____
_____
_____
_____
_____
_____

Action Items	Owner	Deadline	
•			☐
•			☐
•			☐
•			☐
•			☐
•			☐

Meeting Date: _____ Meeting Time: _____
Topic: _____
Objective(s): _____
_____

Attendees:	
•	•
•	•
•	•
•	•
•	•

Notes: _____
_____
_____
_____
_____
_____
_____
_____
_____
_____
_____
_____

Action Items	Owner	Deadline	
•			☐
•			☐
•			☐
•			☐
•			☐
•			☐

Meeting Date: _____ Meeting Time: _____
Topic: _____
Objective (s): _____
_____

Attendees:	
•	•
•	•
•	•
•	•
•	•

Notes: _____
_____
_____
_____
_____
_____
_____
_____
_____
_____
_____

Action Items	Owner	Deadline	
•			☐
•			☐
•			☐
•			☐
•			☐
•			☐

Meeting Date: _____ Meeting Time: _____

Topic: _____

Objective (s): _____
_____

Attendees:	
•	•
•	•
•	•
•	•
•	•

Notes: _____
_____
_____
_____
_____
_____
_____
_____
_____
_____

Action Items	Owner	Deadline	
•			☐
•			☐
•			☐
•			☐
•			☐
•			☐

Meeting Date: _____   Meeting Time: _____
Topic: _____
Objective (s): _____
_____

Attendees:	
•	•
•	•
•	•
•	•
•	•

Notes: _____
_____
_____
_____
_____
_____
_____
_____
_____
_____
_____
_____

Action Items	Owner	Deadline	
•			☐
•			☐
•			☐
•			☐
•			☐
•			☐

Meeting Date: _____ Meeting Time: _____

Topic: _____

Objective (s): _____

_____

Attendees:	
•	•
•	•
•	•
•	•
•	•

Notes: _____

_____

_____

_____

_____

_____

_____

_____

_____

_____

_____

Action Items	Owner	Deadline	
•			☐
•			☐
•			☐
•			☐
•			☐
•			☐

Meeting Date: _____   Meeting Time: _____
Topic: _____
Objective(s): _____
_____

Attendees:	
•	•
•	•
•	•
•	•
•	•

Notes: _____
_____
_____
_____
_____
_____
_____
_____
_____
_____
_____
_____
_____

Action Items	Owner	Deadline	
•			☐
•			☐
•			☐
•			☐
•			☐
•			☐

Meeting Date: _____ Meeting Time: _____

Topic: _____

Objective(s): _____
_____

Attendees:	
•	•
•	•
•	•
•	•
•	•

Notes: _____
_____
_____
_____
_____
_____
_____
_____
_____
_____
_____

Action Items	Owner	Deadline	
•			☐
•			☐
•			☐
•			☐
•			☐
•			☐

Meeting Date: _____ Meeting Time: _____
Topic: _____
Objective (s): _____
_____

Attendees:	
•	•
•	•
•	•
•	•
•	•

Notes: _____

_____

_____

_____

_____

_____

_____

_____

_____

_____

_____

_____

Action Items	Owner	Deadline	
•			☐
•			☐
•			☐
•			☐
•			☐
•			☐

Meeting Date: _____ Meeting Time: _____
Topic: _____
Objective (s): _____
_____

Attendees:	
•	•
•	•
•	•
•	•
•	•

Notes: _____
_____
_____
_____
_____
_____
_____
_____
_____
_____
_____
_____
_____

Action Items	Owner	Deadline	
•			☐
•			☐
•			☐
•			☐
•			☐
•			☐

Meeting Date: _____ Meeting Time: _____
Topic: _____
Objective (s): _____
_____

Attendees:	
•	•
•	•
•	•
•	•
•	•

Notes: _____

Action Items	Owner	Deadline	
•			☐
•			☐
•			☐
•			☐
•			☐
•			☐

Meeting Date: _____ Meeting Time: _____
Topic: _____
Objective (s): _____
_____

Attendees:	
•	•
•	•
•	•
•	•
•	•

Notes: _____
_____
_____
_____
_____
_____
_____
_____
_____
_____
_____
_____
_____

Action Items	Owner	Deadline	
•			☐
•			☐
•			☐
•			☐
•			☐
•			☐

Meeting Date: _____ Meeting Time: _____
Topic: _____
Objective (s): _____
_____

Attendees:	
•	•
•	•
•	•
•	•
•	•

Notes: _____
_____
_____
_____
_____
_____
_____
_____
_____
_____
_____
_____

Action Items	Owner	Deadline	
•			☐
•			☐
•			☐
•			☐
•			☐
•			☐

Meeting Date: _____ Meeting Time: _____
Topic: _____
Objective (s): _____
_____

Attendees:	
•	•
•	•
•	•
•	•
•	•

Notes: _____
_____
_____
_____
_____
_____
_____
_____
_____
_____
_____
_____
_____

Action Items	Owner	Deadline	
•			☐
•			☐
•			☐
•			☐
•			☐
•			☐

Meeting Date: _____ Meeting Time: _____
Topic: _____
Objective (s): _____
_____

Attendees:	
•	•
•	•
•	•
•	•
•	•

Notes: _____
_____
_____
_____
_____
_____
_____
_____
_____
_____
_____
_____

Action Items	Owner	Deadline	
•			☐
•			☐
•			☐
•			☐
•			☐
•			☐

Meeting Date: _____ Meeting Time: _____
Topic: _____
Objective (s): _____

Attendees:	
•	•
•	•
•	•
•	•
•	•

Notes: _____

Action Items	Owner	Deadline	
•			☐
•			☐
•			☐
•			☐
•			☐
•			☐

Meeting Date: _____ Meeting Time: _____
Topic: _____
Objective (s): _____
_____

Attendees:	
•	•
•	•
•	•
•	•
•	•

Notes: _____
_____
_____
_____
_____
_____
_____
_____
_____
_____
_____

Action Items	Owner	Deadline	
•			☐
•			☐
•			☐
•			☐
•			☐
•			☐

Meeting Date: _____ Meeting Time: _____

Topic: _____

Objective (s): _____

_____

Attendees:	
•	•
•	•
•	•
•	•
•	•

Notes: _____

_____

_____

_____

_____

_____

_____

_____

_____

_____

_____

_____

Action Items	Owner	Deadline	
•			☐
•			☐
•			☐
•			☐
•			☐
•			☐

Meeting Date: _____ Meeting Time: _____
Topic: _____
Objective (s): _____
_____

Attendees:	
•	•
•	•
•	•
•	•
•	•

Notes: _____
_____
_____
_____
_____
_____
_____
_____
_____
_____
_____

Action Items	Owner	Deadline	
•			☐
•			☐
•			☐
•			☐
•			☐
•			☐

Meeting Date: _____ Meeting Time: _____
Topic: _____
Objective (s): _____
_____

Attendees:	
•	•
•	•
•	•
•	•
•	•

Notes: _____
_____
_____
_____
_____
_____
_____
_____
_____
_____
_____
_____

Action Items	Owner	Deadline	
•			☐
•			☐
•			☐
•			☐
•			☐
•			☐

Meeting Date: _____   Meeting Time: _____
Topic: _____
Objective(s): _____
_____

Attendees:	
•	•
•	•
•	•
•	•
•	•

Notes: _____
_____
_____
_____
_____
_____
_____
_____
_____
_____
_____

Action Items	Owner	Deadline	
•			☐
•			☐
•			☐
•			☐
•			☐
•			☐

Meeting Date: _____ Meeting Time: _____
Topic: _____
Objective (s): _____
_____

Attendees:	
•	•
•	•
•	•
•	•
•	•

Notes: _____
_____
_____
_____
_____
_____
_____
_____
_____
_____
_____
_____
_____
_____

Action Items	Owner	Deadline	
•			☐
•			☐
•			☐
•			☐
•			☐
•			☐

Meeting Date: _____ Meeting Time: _____
Topic: _____
Objective(s): _____
_____

Attendees:	
•	•
•	•
•	•
•	•
•	•

Notes: _____
_____
_____
_____
_____
_____
_____
_____
_____
_____
_____

Action Items	Owner	Deadline	
•			☐
•			☐
•			☐
•			☐
•			☐
•			☐

Meeting Date: _____ Meeting Time: _____
Topic: _____
Objective (s): _____
_____

Attendees:	
•	•
•	•
•	•
•	•
•	•

Notes: _____
_____
_____
_____
_____
_____
_____
_____
_____
_____
_____
_____

Action Items	Owner	Deadline	
•			☐
•			☐
•			☐
•			☐
•			☐
•			☐

Meeting Date: _____ Meeting Time: _____
Topic: _____
Objective(s): _____
_____

Attendees:	
•	•
•	•
•	•
•	•
•	•

Notes: _____
_____
_____
_____
_____
_____
_____
_____
_____
_____
_____

Action Items	Owner	Deadline	
•			☐
•			☐
•			☐
•			☐
•			☐
•			☐

Meeting Date: _____ Meeting Time: _____

Topic: _____

Objective (s): _____

_____

Attendees:	
•	•
•	•
•	•
•	•
•	•

Notes: _____

_____

_____

_____

_____

_____

_____

_____

_____

_____

_____

_____

Action Items	Owner	Deadline	
•			☐
•			☐
•			☐
•			☐
•			☐
•			☐

Meeting Date: _____ Meeting Time: _____
Topic: _____
Objective(s): _____
_____

Attendees:	
•	•
•	•
•	•
•	•
•	•

Notes: _____
_____
_____
_____
_____
_____
_____
_____
_____
_____
_____

Action Items	Owner	Deadline	
•			☐
•			☐
•			☐
•			☐
•			☐
•			☐

Meeting Date: _____ Meeting Time: _____
Topic: _____
Objective(s): _____
_____

Attendees:	
•	•
•	•
•	•
•	•
•	•

Notes: _____
_____
_____
_____
_____
_____
_____
_____
_____
_____
_____
_____
_____

Action Items	Owner	Deadline	
•			☐
•			☐
•			☐
•			☐
•			☐
•			☐

Meeting Date: _____ Meeting Time: _____
Topic: _____
Objective(s): _____
_____

Attendees:	
•	•
•	•
•	•
•	•
•	•

Notes: _____
_____
_____
_____
_____
_____
_____
_____
_____
_____
_____
_____

Action Items	Owner	Deadline	
•			☐
•			☐
•			☐
•			☐
•			☐
•			☐

Meeting Date: _____ Meeting Time: _____
Topic: _____
Objective (s): _____
_____

Attendees:	
•	•
•	•
•	•
•	•
•	•

Notes: _____
_____
_____
_____
_____
_____
_____
_____
_____
_____
_____
_____
_____
_____

Action Items	Owner	Deadline	
•			☐
•			☐
•			☐
•			☐
•			☐
•			☐

Meeting Date: _____   Meeting Time: _____
Topic: _____
Objective (s): _____
_____

Attendees:	
•	•
•	•
•	•
•	•
•	•

Notes: _____
_____
_____
_____
_____
_____
_____
_____
_____
_____
_____

Action Items	Owner	Deadline	
•			☐
•			☐
•			☐
•			☐
•			☐
•			☐

Meeting Date: _____ Meeting Time: _____
Topic: _____
Objective (s): _____
_____

Attendees:	
•	•
•	•
•	•
•	•
•	•

Notes: _____
_____
_____
_____
_____
_____
_____
_____
_____
_____
_____

Action Items	Owner	Deadline	
•			☐
•			☐
•			☐
•			☐
•			☐
•			☐

Meeting Date: _____ Meeting Time: _____
Topic: _____
Objective (s): _____
_____

Attendees:	
•	•
•	•
•	•
•	•
•	•

Notes: _____
_____
_____
_____
_____
_____
_____
_____
_____
_____
_____

Action Items	Owner	Deadline	
•			☐
•			☐
•			☐
•			☐
•			☐
•			☐

Meeting Date: _____ Meeting Time: _____
Topic: _____
Objective (s): _____
_____

Attendees:	
•	•
•	•
•	•
•	•
•	•

Notes: _____
_____
_____
_____
_____
_____
_____
_____
_____
_____
_____
_____

Action Items	Owner	Deadline	
•			☐
•			☐
•			☐
•			☐
•			☐
•			☐

Meeting Date: _____ Meeting Time: _____
Topic: _____
Objective(s): _____
_____

Attendees:

-
-
-
-
-

-
-
-
-
-

Notes: _____
_____
_____
_____
_____
_____
_____
_____
_____
_____
_____
_____

Action Items	Owner	Deadline	
•			☐
•			☐
•			☐
•			☐
•			☐
•			☐

Meeting Date: _____   Meeting Time: _____

Topic: _____

Objective (s): _____

_____

Attendees:	
•	•
•	•
•	•
•	•
•	•

Notes: _____

_____

_____

_____

_____

_____

_____

_____

_____

_____

_____

_____

_____

Action Items	Owner	Deadline	
•			☐
•			☐
•			☐
•			☐
•			☐
•			☐

Meeting Date: _____ Meeting Time: _____
Topic: _____
Objective (s): _____
_____

Attendees:	
•	•
•	•
•	•
•	•
•	•

Notes: _____
_____
_____
_____
_____
_____
_____
_____
_____
_____
_____
_____
_____

Action Items	Owner	Deadline	
•			☐
•			☐
•			☐
•			☐
•			☐
•			☐

Meeting Date: _____   Meeting Time: _____
Topic: _____
Objective (s): _____
_____

Attendees:	
•	•
•	•
•	•
•	•
•	•

Notes: _____
_____
_____
_____
_____
_____
_____
_____
_____
_____
_____
_____
_____
_____

Action Items	Owner	Deadline	
•			☐
•			☐
•			☐
•			☐
•			☐
•			☐

Meeting Date: _____ Meeting Time: _____
Topic: _____
Objective(s): _____
_____

Attendees:	
•	•
•	•
•	•
•	•
•	•

Notes: _____
_____
_____
_____
_____
_____
_____
_____
_____
_____
_____
_____

Action Items	Owner	Deadline	
•			☐
•			☐
•			☐
•			☐
•			☐
•			☐

Meeting Date: _____ Meeting Time: _____
Topic: _____
Objective (s): _____
_____

Attendees:	
•	•
•	•
•	•
•	•
•	•

Notes: _____
_____
_____
_____
_____
_____
_____
_____
_____
_____
_____
_____

Action Items	Owner	Deadline	
•			☐
•			☐
•			☐
•			☐
•			☐
•			☐

Meeting Date: _____ Meeting Time: _____
Topic: _____
Objective (s): _____
_____

Attendees:	
•	•
•	•
•	•
•	•
•	•

Notes: _____
_____
_____
_____
_____
_____
_____
_____
_____
_____
_____
_____

Action Items	Owner	Deadline	
•			☐
•			☐
•			☐
•			☐
•			☐
•			☐

Meeting Date: _____ Meeting Time: _____
Topic: _____
Objective (s): _____
_____

Attendees:	
•	•
•	•
•	•
•	•
•	•

Notes: _____
_____
_____
_____
_____
_____
_____
_____
_____
_____
_____
_____

Action Items	Owner	Deadline	
•			☐
•			☐
•			☐
•			☐
•			☐
•			☐

Meeting Date: _____ Meeting Time: _____
Topic: _____
Objective (s): _____
_____

Attendees:	
•	•
•	•
•	•
•	•
•	•

Notes: _____
_____
_____
_____
_____
_____
_____
_____
_____
_____
_____

Action Items	Owner	Deadline	
•			☐
•			☐
•			☐
•			☐
•			☐
•			☐

Meeting Date: _____ Meeting Time: _____
Topic: _____
Objective (s): _____
_____

Attendees:	
•	•
•	•
•	•
•	•
•	•

Notes: _____
_____
_____
_____
_____
_____
_____
_____
_____
_____
_____
_____

Action Items	Owner	Deadline	
•			☐
•			☐
•			☐
•			☐
•			☐
•			☐

Meeting Date: _____ Meeting Time: _____
Topic: _____
Objective(s): _____
_____

Attendees:	
•	•
•	•
•	•
•	•
•	•

Notes: _____
_____
_____
_____
_____
_____
_____
_____
_____
_____
_____
_____

Action Items	Owner	Deadline	
•			☐
•			☐
•			☐
•			☐
•			☐
•			☐

Meeting Date: _____ Meeting Time: _____
Topic: _____
Objective(s): _____
_____

Attendees:	
•	•
•	•
•	•
•	•
•	•

Notes: _____
_____
_____
_____
_____
_____
_____
_____
_____
_____
_____
_____

Action Items	Owner	Deadline	
•			☐
•			☐
•			☐
•			☐
•			☐
•			☐

Meeting Date: _____ Meeting Time: _____
Topic: _____
Objective (s): _____
_____

Attendees:	
•	•
•	•
•	•
•	•
•	•

Notes: _____
_____
_____
_____
_____
_____
_____
_____
_____
_____
_____

Action Items	Owner	Deadline	
•			☐
•			☐
•			☐
•			☐
•			☐
•			☐

Meeting Date: _____ Meeting Time: _____
Topic: _____
Objective (s): _____
_____

Attendees:	
•	•
•	•
•	•
•	•
•	•

Notes: _____
_____
_____
_____
_____
_____
_____
_____
_____
_____
_____
_____
_____

Action Items	Owner	Deadline	
•			☐
•			☐
•			☐
•			☐
•			☐
•			☐

Meeting Date: _____ Meeting Time: _____
Topic: _____
Objective(s): _____
_____

Attendees:	
•	•
•	•
•	•
•	•
•	•

Notes: _____
_____
_____
_____
_____
_____
_____
_____
_____
_____
_____
_____
_____
_____

Action Items	Owner	Deadline	
•			☐
•			☐
•			☐
•			☐
•			☐
•			☐

Meeting Date: _____ Meeting Time: _____

Topic: _____

Objective (s): _____

_____

Attendees:	
•	•
•	•
•	•
•	•
•	•

Notes: _____

_____

_____

_____

_____

_____

_____

_____

_____

_____

_____

_____

Action Items	Owner	Deadline	
•			☐
•			☐
•			☐
•			☐
•			☐
•			☐

Meeting Date: _____ Meeting Time: _____
Topic: _____
Objective(s): _____
_____

Attendees:	
•	•
•	•
•	•
•	•
•	•

Notes: _____
_____
_____
_____
_____
_____
_____
_____
_____
_____
_____

Action Items	Owner	Deadline	
•			☐
•			☐
•			☐
•			☐
•			☐
•			☐

Meeting Date: _____ Meeting Time: _____
Topic: _____
Objective(s): _____
_____

Attendees:	
•	•
•	•
•	•
•	•
•	•

Notes: _____
_____
_____
_____
_____
_____
_____
_____
_____
_____
_____
_____

Action Items	Owner	Deadline	
•			☐
•			☐
•			☐
•			☐
•			☐
•			☐

Meeting Date: _____ Meeting Time: _____
Topic: _____
Objective(s): _____
_____

Attendees:	
•	•
•	•
•	•
•	•
•	•

Notes: _____
_____
_____
_____
_____
_____
_____
_____
_____
_____
_____

Action Items	Owner	Deadline	
•			☐
•			☐
•			☐
•			☐
•			☐
•			☐

Meeting Date: _____ Meeting Time: _____
Topic: _____
Objective(s): _____
_____

Attendees:	
•	•
•	•
•	•
•	•
•	•

Notes: _____

Action Items	Owner	Deadline	
•			☐
•			☐
•			☐
•			☐
•			☐
•			☐

Meeting Date: _____ Meeting Time: _____
Topic: _____
Objective (s): _____
_____

Attendees:	
•	•
•	•
•	•
•	•
•	•

Notes: _____
_____
_____
_____
_____
_____
_____
_____
_____
_____
_____
_____

Action Items	Owner	Deadline	
•			☐
•			☐
•			☐
•			☐
•			☐
•			☐

Meeting Date: _____ Meeting Time: _____
Topic: _____
Objective (s): _____
_____

Attendees:	
•	•
•	•
•	•
•	•
•	•

Notes: _____
_____
_____
_____
_____
_____
_____
_____
_____
_____
_____
_____

Action Items	Owner	Deadline	
•			☐
•			☐
•			☐
•			☐
•			☐
•			☐

Meeting Date: _____ Meeting Time: _____
Topic: _____
Objective(s): _____
_____

Attendees:	
•	•
•	•
•	•
•	•
•	•

Notes: _____
_____
_____
_____
_____
_____
_____
_____
_____
_____
_____
_____

Action Items	Owner	Deadline	
•			☐
•			☐
•			☐
•			☐
•			☐
•			☐

Manufactured by Amazon.ca
Bolton, ON